Impressum
Verlag: BABADADA GmbH, Nedderfeld 112 , 22529 Hamburg
Geschäftsführer / Verlagsleitung: Harald Hof
Druck: Books on Demand GmbH, In de Tarpen 42, 22848 Norderstedt

Imprint
Publisher: BABADADA GmbH, Nedderfeld 112 , 22529 Hamburg, Germany
Managing Director / Publishing direction: Harald Hof
Print: Books on Demand GmbH, In de Tarpen 42, 22848 Norderstedt, Germany

skole

Šola

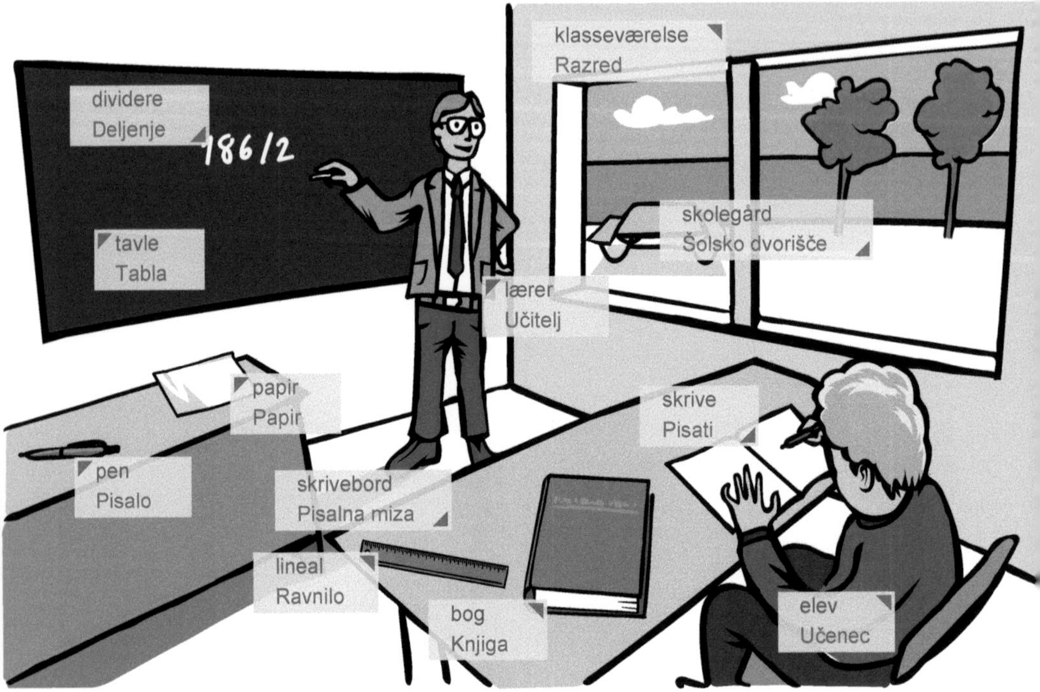
klasseværelse
Razred
dividere
Deljenje
186/2
tavle
Tabla
skolegård
Šolsko dvorišče
lærer
Učitelj
papir
Papir
skrive
Pisati
pen
Pisalo
skrivebord
Pisalna miza
lineal
Ravnilo
bog
Knjiga
elev
Učenec

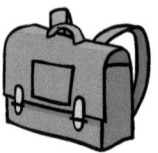

skoletaske

Šolska torba

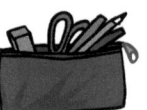

penalhus

Peresnica

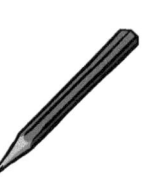

blyant

Svinčnik

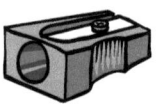

blyantspidser

Šilček

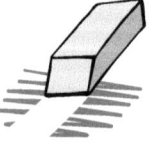

viskelæder

Radirka

tegneblok

Risalni blok

tegning

Risba

pensel

Čopič

æske med vandfarver

Vodene barvice

saks

Škarje

lim

Lepilo

opgavehcftc

Zvezek

lektie

Domača naloga

tal

Število

2+2

addere

Seštevanje

5-2

subtrahere

Odštevanje

2×2

multiplicere

Množenje

regne

Računanje

A

bogstav

Črka

ABCDEFG
HIJKLMN
OPQRSTU
VWXYZ

alfabet

Abeceda

ord

Beseda

tekst

Besedilo

læse

Brati

kridt

Kreda

time

Učna ura

klasseprotokol

Redovalnica

eksamen

Preizkus znanja

karakterbog

Spričevalo

skoleuniform

Šolska uniforma

uddannelse

Izobrazba

leksikon

Enciklopedija

universitet

Univerza

mikroskop

Mikroskop

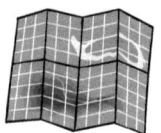

kort

Zemljevid

papirkurv

Koš za smeti

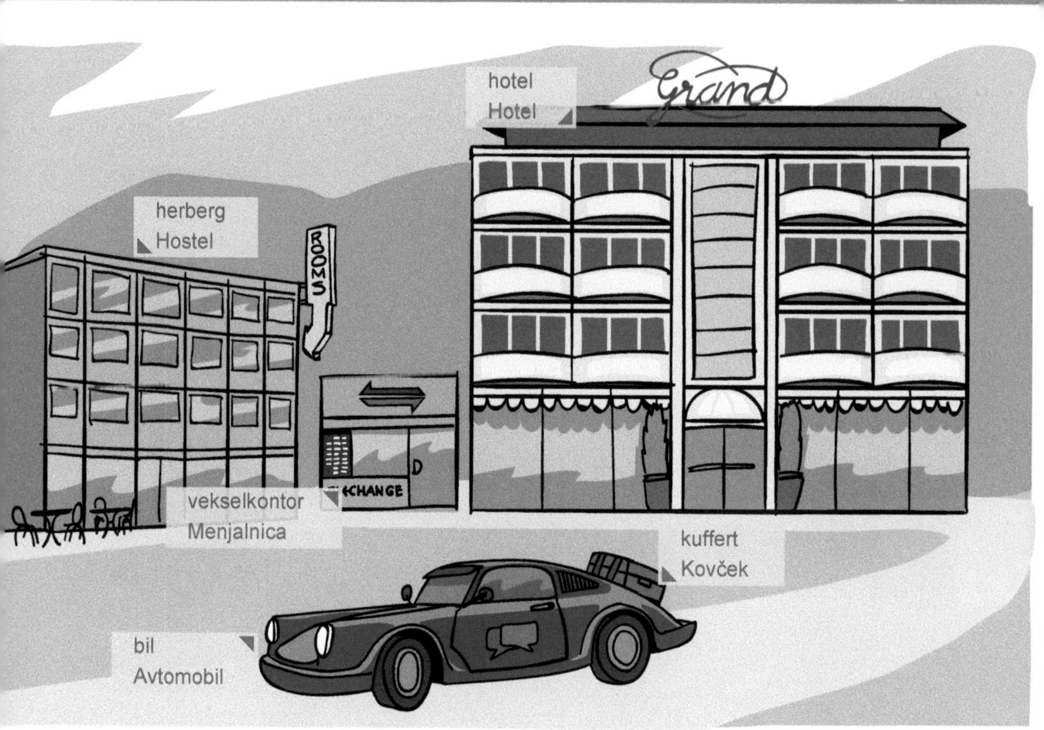

hotel
Hotel
Grand
herberg
Hostel
ROOMS
EXCHANGE
vekselkontor
Menjalnica
kuffert
Kovček
bil
Avtomobil

sprog
Jezik

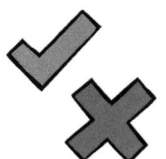

ja / nej
da / ne

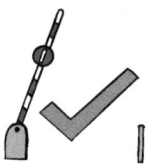

okay
Prav

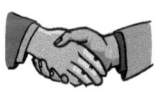

hej
Pozdravljeni

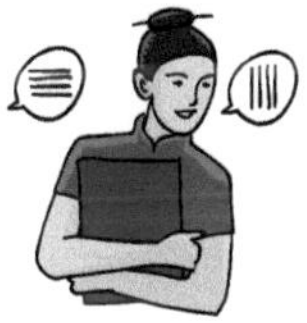

oversætter
Prevajalec

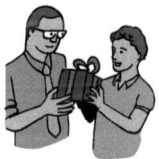

tak
Hvala

hvad koster...?

Koliko stane...?

Jeg forstår ikke

Ne razumem

problem

Težava

God aften!

Dober večer!

God morgen!

Dobro jutro!

God nat!

Lahko noč!

farvel

Nasvidenje

retning

Smer

bagage

Prtljaga

taske

Torba

rygsæk

Nahrbtnik

gæst

Gost

værelse

Soba

sovepose

Spalna vreča

telt

Šotor

turistinformation

Turistične informacije

strand

Plaža

kreditkort

Kreditna kartica

morgenmad

Zajtrk

middagsmad

Kosilo

aftensmad

Večerja

billet

Vozovnica

elevator

Dvigalo

frimærke

Znamka

grænse

Meja

told

Carina

ambassade

Veleposlaništvo

visum

Vizum

pas

Potni list

transport
Prevoz

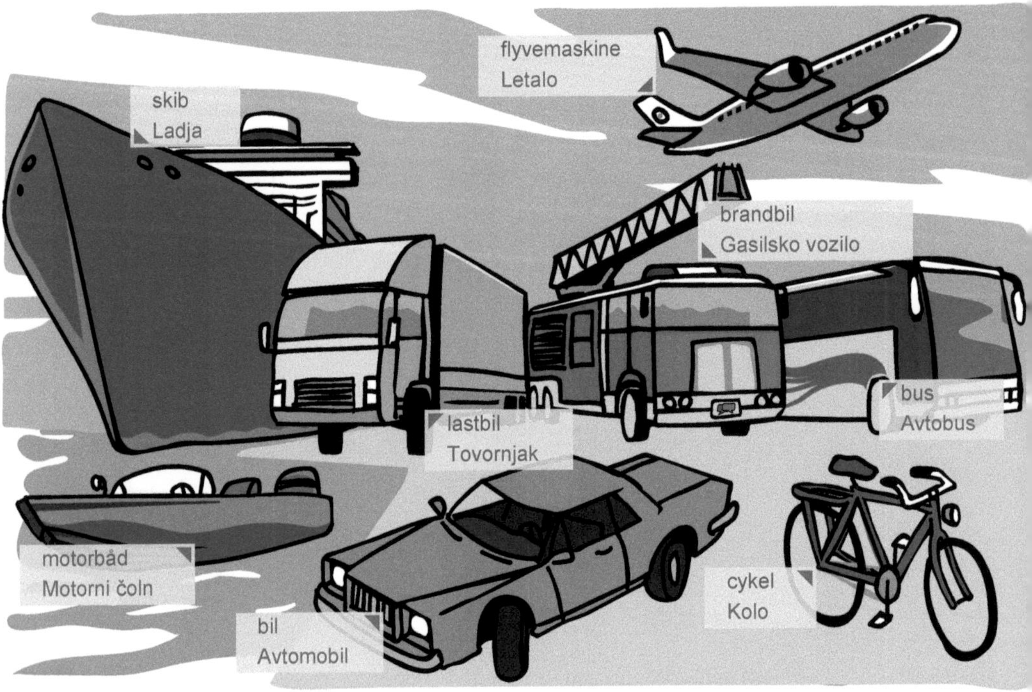
flyvemaskine
Letalo
skib
Ladja
brandbil
Gasilsko vozilo
bus
Avtobus
lastbil
Tovornjak
motorbåd
Motorni čoln
cykel
Kolo
bil
Avtomobil

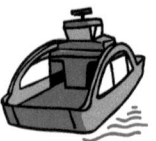

færge

Trajekt

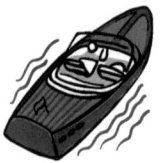

båd

Čoln

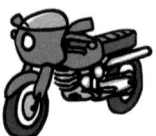

motorcykel

Motorno kolo

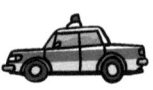

politibil

Policijski avto

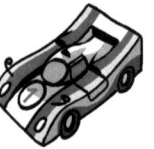

racerbil

Dirkalni avto

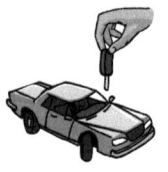

lejebil

Najeto vozilo

samkørsel

Souporaba avtomobila

kranbil

Avtovleka

skraldebil

Smetarsko vozilo

motor

Motor

benzin

Gorivo

tankstation

Bencinska postaja

trafikskilt

Prometni znak

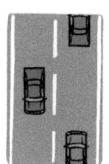

trafik

Promet

trafikprop

Zastoj

parkeringsplads

Parkirišče

banegård

Železniška postaja

skinner

Tirnice

tog

Vlak

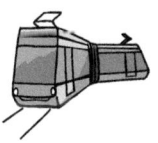

sporvogn

Tramvaj

wagon

Vagon

helikopter
Helikopter

lufthavn
Letališče

tårn
Stolp

passager
Potnik

container
Kontejner

karton
Karton

kærre
Voziček

kurv
Košara

starte / lande
vzleteti / pristati

by
Mesto

landsby
Vas

bymidte
Mestno jedro

hus
Hiša

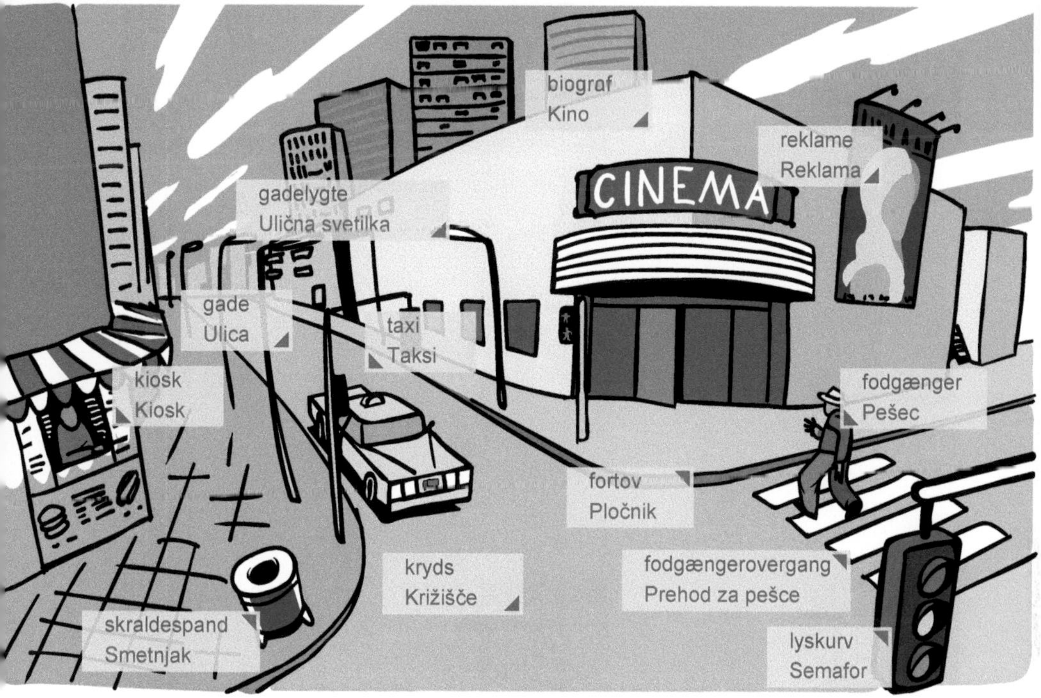

biograf / Kino

reklame / Reklama

gadelygte / Ulična svetilka

gade / Ulica

taxi / Taksi

kiosk / Kiosk

fodgænger / Pešec

fortov / Pločnik

kryds / Križišče

fodgængerovergang / Prehod za pešce

skraldespand / Smetnjak

lyskurv / Semafor

hytte
Koča

lejlighed
Stanovanje

banegård
Železniška postaja

rådhus
Mestna hiša

museum
Muzej

skole
Šola

universitet

Univerza

bank

Banka

sygehus

Bolnišnica

hotel

Hotel

apotek

Lekarna

kontor

Pisarna

boghandel

Knjigarna

butik

Trgovina

blomsterbutik

Cvetličarna

supermarked

Supermarket

marked

Tržnica

stormagasin

Veleblagovnica

fiskehandler

Ribarnica

butikscenter

Nakupovalno središče

havn

Pristanišče

park

Park

bænk

Klop

bro

Most

trappe

Stopnice

undergrundsbane

Podzemna železnica

tunnel

Predor

busstoppested

Avtobusno postajališče

barnevogn

Bar

restaurant

Restavracija

postkasse

Poštni nabiralnik

vejskilt

Ulična tabla

parkometer

Parkirna ura

zoo

Živalski vrt

badeanstalt

Kopališče

moske

Mošeja

bondegård
Kmetija

miljøforurening
Onesnaževanje

kirkegård
Pokopališče

kirke
Cerkev

legeplads
Otroško igrišče

tempel
Tempelj

landskab
Pokrajina

blad
List

vejviser
Kažipot

vej
Pot

eng
Travnik

sten
Kamen

træ
Drevo

vandrer
Pohodnik

flod
Reka

græs
Trava

blomst
Cvetlica

dal

Dolina

bjerg

Hrib

sø

Jezero

skov

Gozd

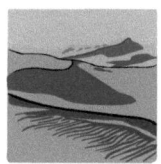

ørken

Puščava

vulkan

Vulkan

slot

Grad

regnbue

Mavrica

svamp

Goba

palme

Palma

moskito

Komar

flue

Muha

myre

Mravlja

bi

Čebela

edderkop

Pajek

bille

Hrošč

frø

Žaba

egern

Veverica

pindsvin

Jež

hare

Zajec

ugle

Sova

fugl

Ptič

svane

Labod

vildsvin

Divji prašič

hjort

Jelen

elg

Los

dæmning

Jez

vindmølle

Vetrnica

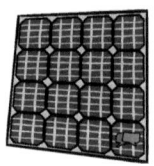

solcellemodul

Solarna plošča

klima

Podnebje

restaurant
Restavracija

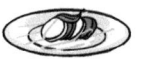

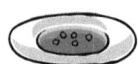

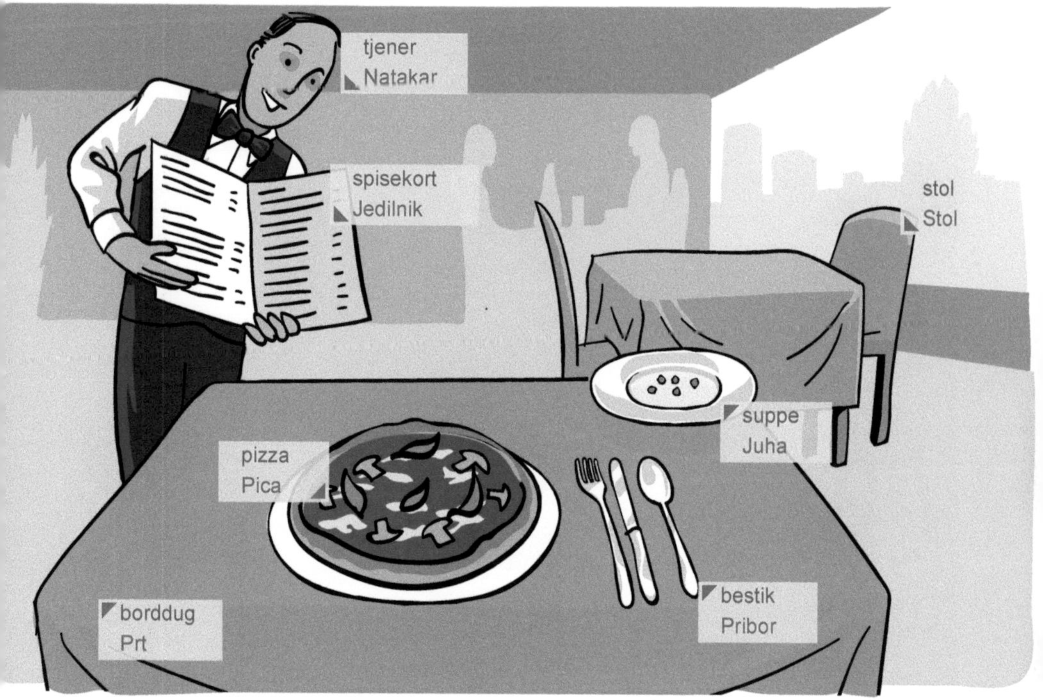
tjener
Natakar
spisekort
Jedilnik
stol
Stol
suppe
Juha
pizza
Pica
borddug
Prt
bestik
Pribor

forret

Predjed

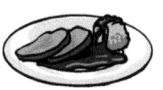

hovedret

Glavna jed

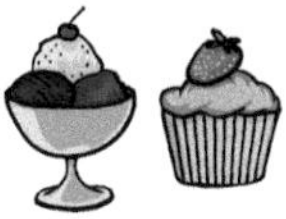

dessert

Sladica

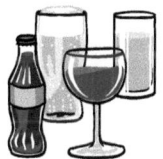

drikkevarer

Pijače

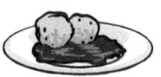

mad

Hrana

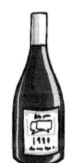

flaske

Steklenica

fastfood

Hitra hrana

streetfood

Ulična hrana

tekande

Čajnik

sukkerdåse

Sladkornica

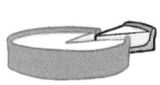

portion

Porcija

espressomaskine

Aparat za espresso

barnestol

Stolček za hranjenje

faktura

Račun

tablet

Pladenj

kniv

Nož

gaffel

Vilica

ske

Žlica

teske

Čajna žlička

serviet

Servieta

glas

Kozarec

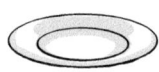

tallerken
Krožnik

dyb tallerken
Globoki krožnik

underkop
Krožniček

sovs
Omaka

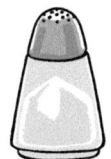

saltbøsse
Solnica

peberkværn
Mlinček za poper

eddike
Kis

olie
Olje

krydderier
Začimbe

ketchup
Kečap

sennep
Gorčica

mayonnaise
Majoneza

supermarked
Supermarket

tilbud
Posebna ponudba
FOR
kunde
Stranka
mælkeprodukter
Mlečni izdelki
frugt
Sadje
indkøbsvogn
Nakupovalni voziček

BUTCHERS

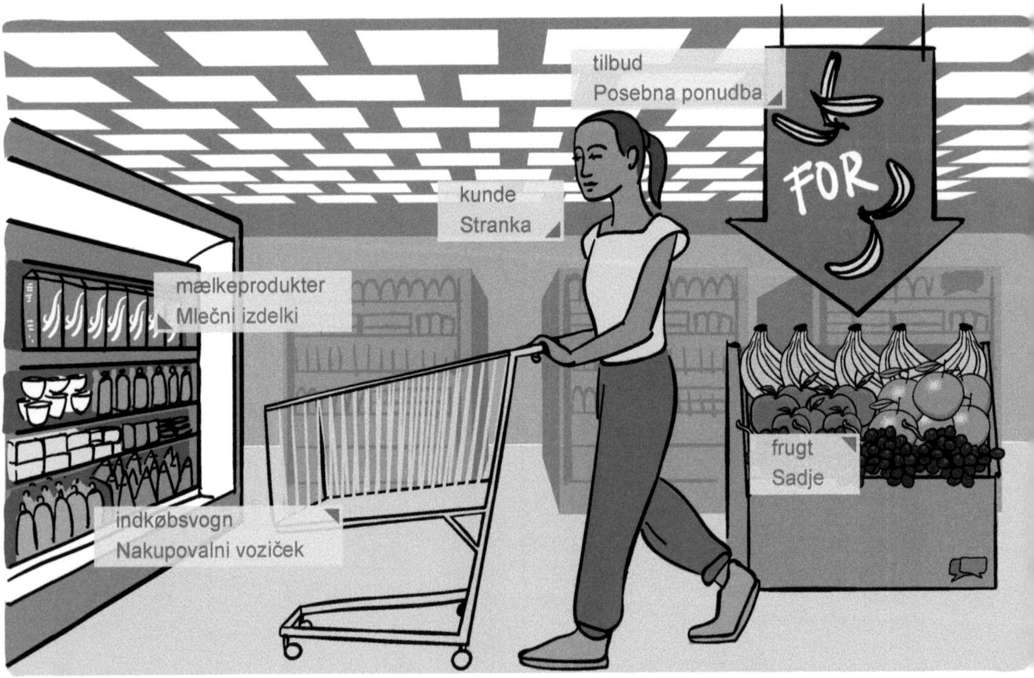

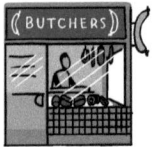

slagter

Mesnica

BAKERY

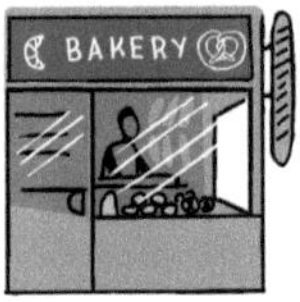

bageri

Pekarna

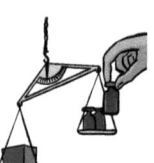

veje

Tehtati

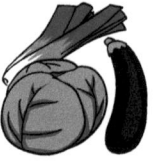

grøntsager

Zelenjava

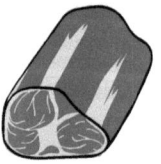

kød

Meso

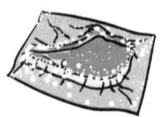

frostvarer

Zamrznjena hrana

pålæg
Hladne mesnine

konserves
Konzerve

vaskemiddel
Pralni prašek

slik
Sladkarije

husholdningsvarer
Gospodinjski izdelki

rengøringsmidler
Čistilno sredstvo

ekspedient
Prodajalka

kasse
Blagajna

kasserer
Blagajnik

indkøbsliste
Nakupovalni seznam

åbningstider
Delovni čas

tegnebog
Denarnica

kreditkort
Kreditna kartica

taske
Torba

plasticpose
Plastična vrečka

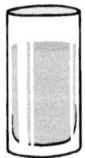

vand

Voda

saft

Sok

mælk

Mleko

cola

Kola

vin

Vino

øl

Pivo

alkohol

Alkohol

kakao

Kakav

te

Čaj

kaffe

Kava

espresso

Espresso

cappuccino

Kapučino

banan

Banana

æble

Jabolko

appelsin

Pomaranča

melon

Lubenica

citron

Limona

gulerod

Korenje

hvidløg

Česen

bambus

Bambus

løg

Čebula

svamp

Goba

nødder

Oreščki

nudler

Rezanci

spaghetti

Špageti

ris

Riž

salat

Solata

pomfritter

Ocvrt krompirček

stegte kartofler

Pečen krompir

pizza

Pica

hamburger

Hamburger

sandwich

Sendvič

schnitzel

Zrezek

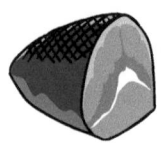

skinke

Šunka

salami

Salama

pølse

Klobasa

kylling

Piščanec

steg

Pečenka

fisk

Riba

havregryn

Ovseni kosmiči

mysli

Musli

cornflakes

Koruzni kosmiči

mel

Moka

croissant

Rogljiček

rundstykke

Žemlja

brød

Kruh

toast

Prepečenec

kiks

Piškoti

smør

Maslo

kvark

Skuta

kage

Torta

æg

Jajce

spejlæg

Pečeno jajce na oko

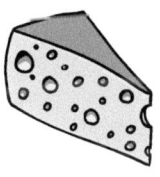

ost

Sir

is
Sladoled

sukker
Sladkor

honning
Med

marmelade
Marmelada

nougat-creme
Čokoladni namaz

karry
Kari

bondegård
Kmetija

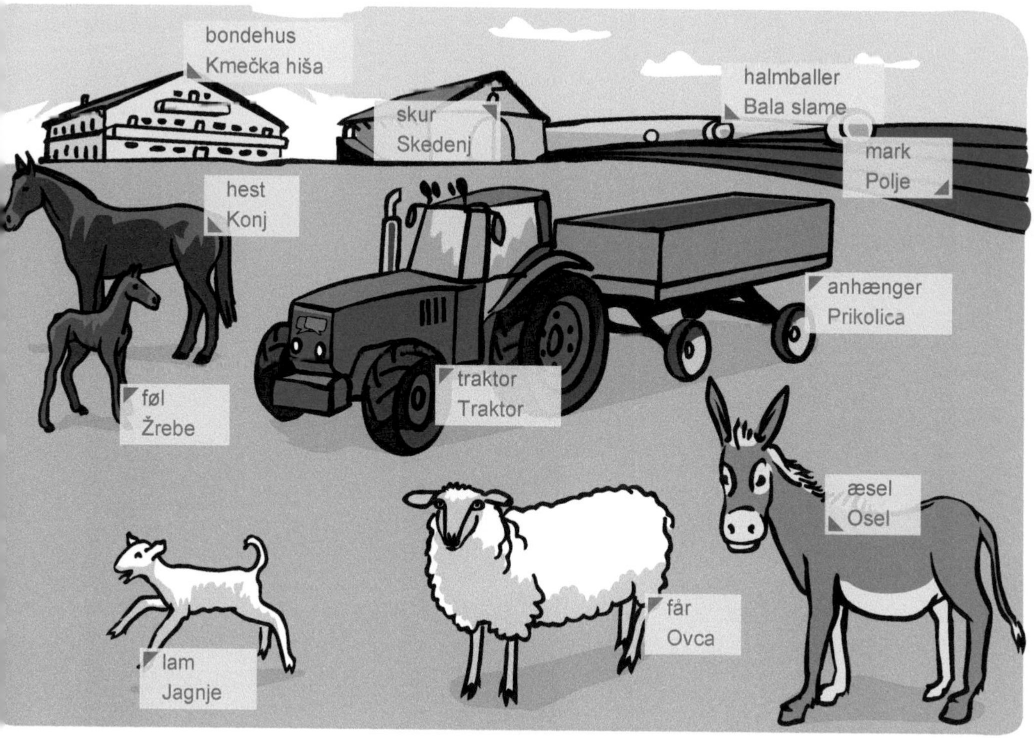
bondehus
Kmečka hiša
skur
Skedenj
halmballer
Bala slame
mark
Polje
hest
Konj
anhænger
Prikolica
traktor
Traktor
føl
Žrebe
æsel
Osel
får
Ovca
lam
Jagnje

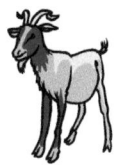

ged

Koza

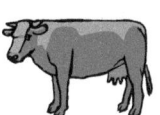

ko

Krava

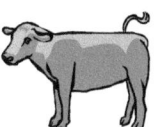

kalv

Tele

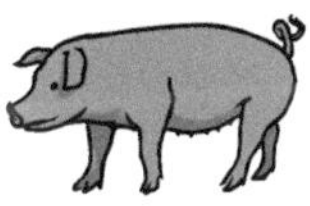

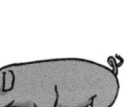

svin

Prašič

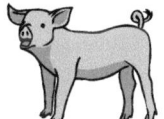

gris

Pujsek

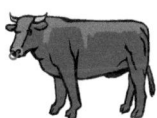

tyr

Bik

gås
Gos

and
Raca

kylling
Piščanec

høne
Kokoš

hane
Petelin

rotte
Podgana

kat
Mačka

mus
Miš

okse
Vol

hund
Pes

hundehus
Pasja uta

haveslange
Cev za zalivanje

vandkande
Kangla za zalivanje

le
Kosa

plov
Plug

bondegård - Kmetija

segl
Srp

hakkejern
Motika

møggreb
Vile

økse
Sekira

trillebør
Samokolnica

trug
Korito

mælkekande
Kangla za mleko

sæk
Vreča

hæk
Ograja

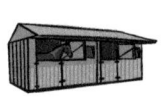

stald
Hlev

drivhus
Rastlinjak

jord
Prst

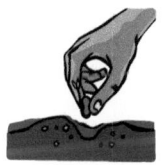

frø
Seme

gødning
Gnojilo

mejetærsker
Kombajn

høste

Žeti

høst

Žetev

yams

Jam

hvede

Pšenica

soja

Soja

kartoffel

Krompir

majs

Koruza

raps

Oljna ogrščica

frugttræ

Sadno drevo

maniok

Maniok

korn

Žito

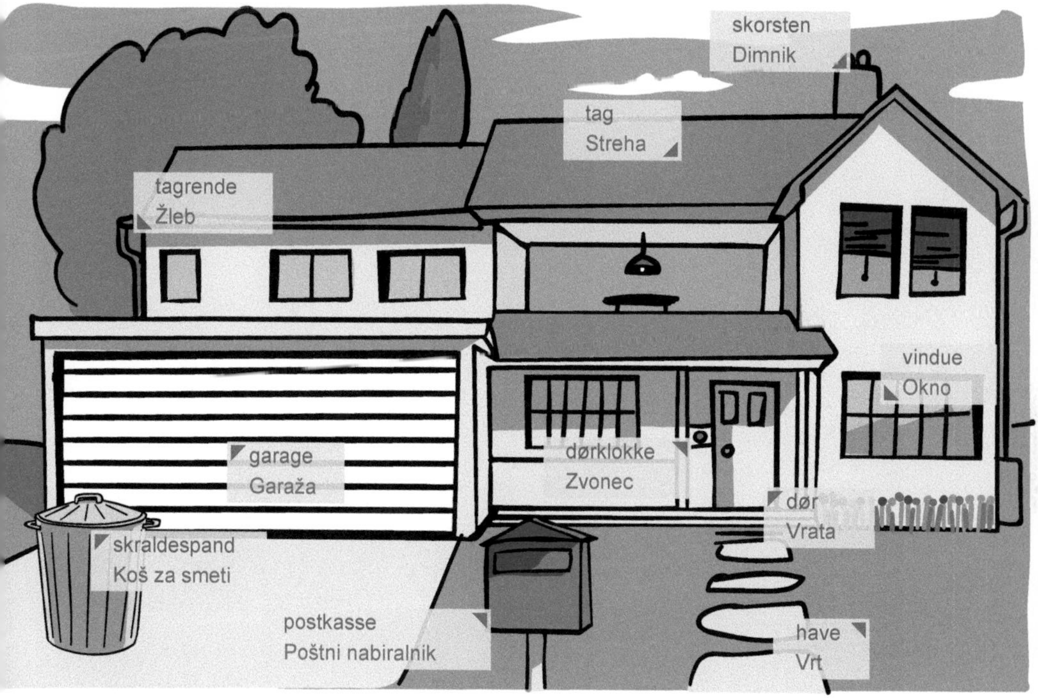

skorsten
Dimnik

tag
Streha

tagrende
Žleb

vindue
Okno

garage
Garaža

dørklokke
Zvonec

dør
Vrata

skraldespand
Koš za smeti

postkasse
Poštni nabiralnik

have
Vrt

stue

Dnevna soba

badeværelse

Kopalnica

køkken

Kuhinja

soveværelse

Spalnica

børneværelse

Otroška soba

spisestue

Jedilnica

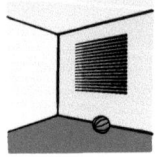

gulv
....
Tla

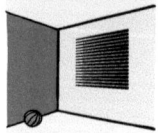

væg
....
Stena

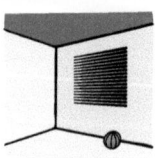

loft
....
Strop

kælder
....
Klet

sauna
....
Savna

altan
....
Balkon

terrasse
....
Terasa

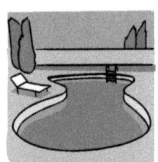

svømmehal
....
Bazen

plæneklipper
....
Kosilnica

dynebetræk
....
Rjuha

dyne
....
Posteljno pregrinjalo

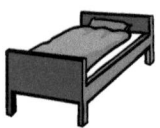

seng
....
Postelja

kost
....
Metla

spand
....
Vedro

kontakt
....
Stikalo

stue
Dnevna soba

tapet
Tapeta
billede
Slika
lampe
Svetilka
reol
Polica
skab
Omara
fjernsyn
Televizor
pejs
Kamin
blomst
Cvetlica
pude
Blazina
sofa
Zofa
vase
Vaza
fjernbetjening
Daljinski upravljalnik

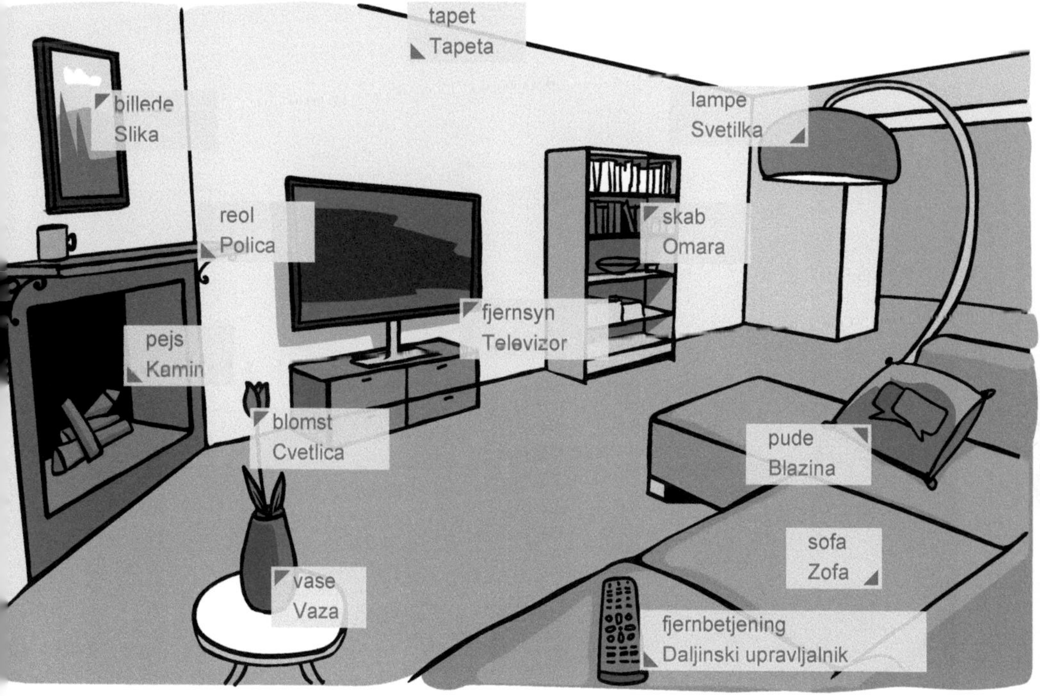

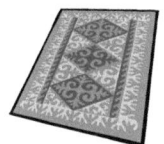

gulvtæppe
Preproga

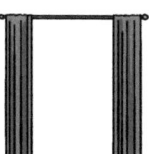

gardin
Zavesa

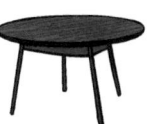

bord
Miza

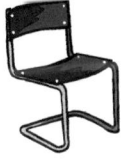

stol
Stol

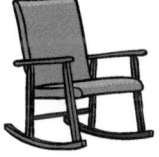

gyngestol
Gugalnik

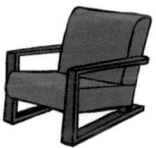

lænestol
Naslanjač

bog

Knjiga

tæppe

Odeja

dekoration

Dekoracija

brænde

Drva

film

Film

stereoanlæg

Glasbeni stolp

nøgle

Ključ

avis

Časopis

maleri

Slika

plakat

Plakat

radio

Radio

notesblok

Beležka

støvsuger

Sesalnik

kaktus

Kaktus

lys

Sveča

køkken
Kuhinja

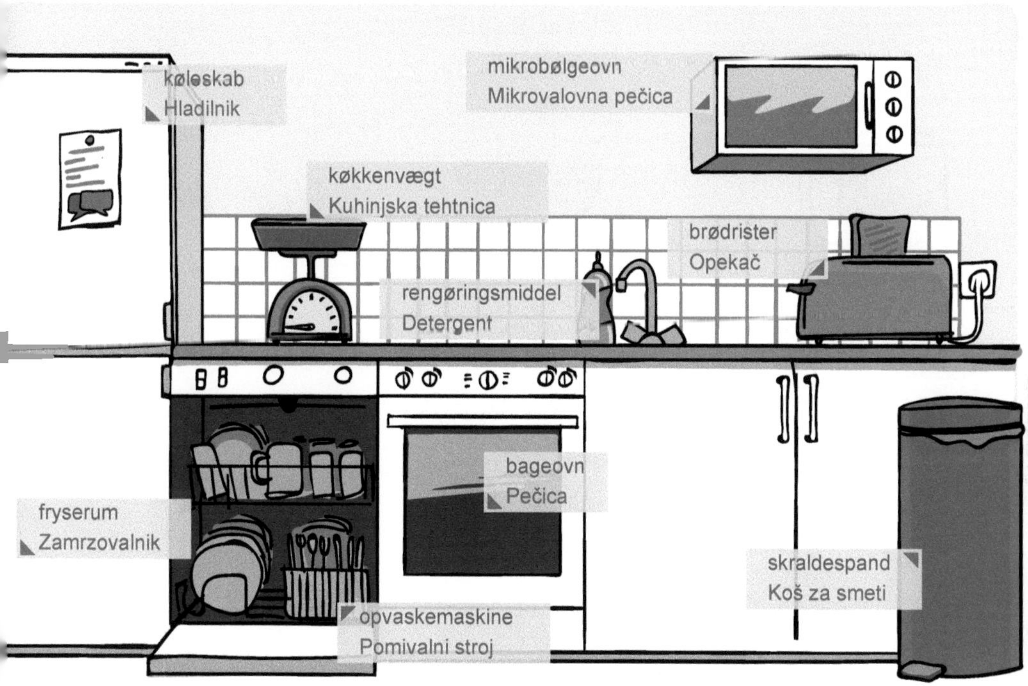

køleskab
Hladilnik
mikrobølgeovn
Mikrovalovna pečica
køkkenvægt
Kuhinjska tehtnica
brødrister
Opekač
rengøringsmiddel
Detergent
bageovn
Pečica
fryserum
Zamrzovalnik
skraldespand
Koš za smeti
opvaskemaskine
Pomivalni stroj

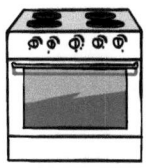

komfur

Kozica

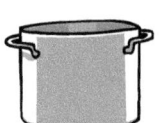

gryde

Lonec

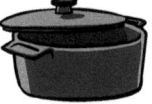

jerngryde

Litoželezni lonec

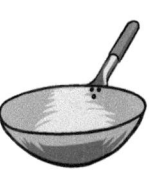

wok / kadai

Vok / kadai

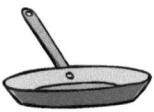

pande

Ponev

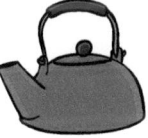

elkedel

Kotliček

dampkoger
Parni kuhalnik

bageplade
Pekač

service
Posoda

bæger
Skodelica

skål
Skleda

spisepinde
Jedilne paličice

øseske
Zajemalka

paletkniv
Lopatica

piskeris
Metlica

dørslag
Cedilnik

si
Cedilo

rive
Strgalo

morter
Možnar

grille
Žar

ildsted
Ognjišče

skærebræt

Deska za rezanje

kagerulle

Valjar

proptrækker

Odpirač za steklenice

dåse

Pločevinka

dåseåbner

Odpirač za konzerve

grydelap

Prijemalka za posodo

køkkenvask

Korito

børste

Ščetka

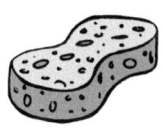

svamp

Goba

blender

Mešalnik

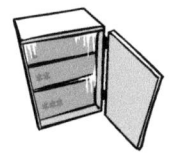

dybfryser

Zamrzovalna skrinja

sutteflaske

Steklenička

vandhane

Pipa

badeværelse

Kopalnica

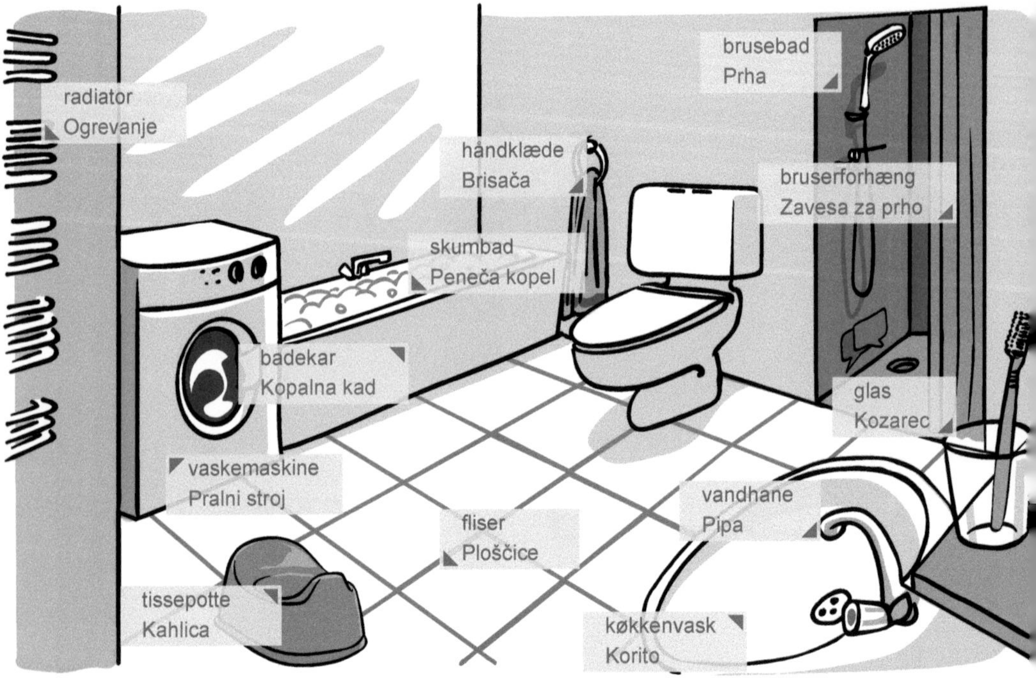

radiator
Ogrevanje
håndklæde
Brisača
brusebad
Prha
bruserforhæng
Zavesa za prho
skumbad
Peneča kopel
badekar
Kopalna kad
glas
Kozarec
vaskemaskine
Pralni stroj
vandhane
Pipa
fliser
Ploščice
tissepotte
Kahlica
køkkenvask
Korito

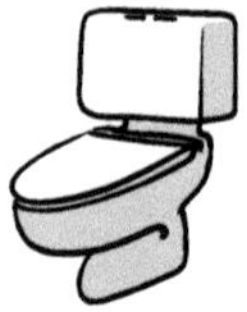

toilet

Stranišče

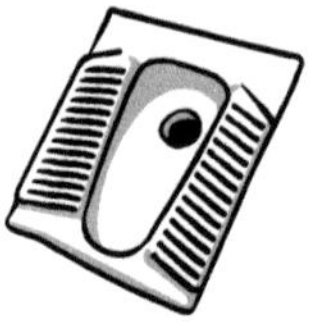

hugsiddende toilet

Stranišče na počep

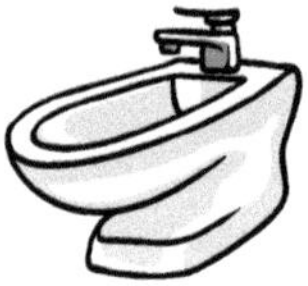

bidet

Bide

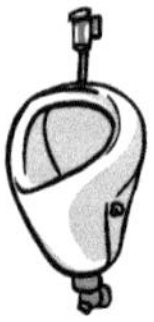

pissoir

Pisoar

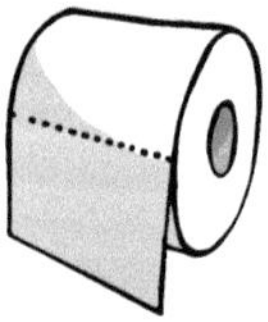

toiletpapir

Toaletni papir

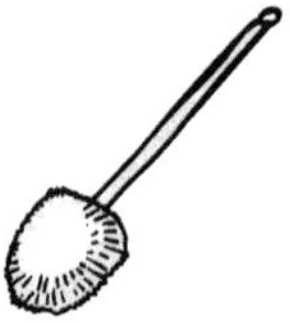

toiletbørste

Ščetka za straniščno školjko

tandbørste

Zobna ščetka

tandpasta

Zobna pasta

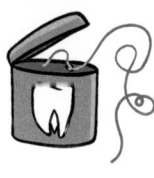

tandtråd

Zobna nitka

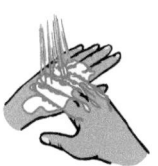

vaske

Umiti se

håndbruser

Ročna prha

intimbruser

Prha za intimne dele

vaskefad

Umivalnik

badebørste

Krtača za hrbet

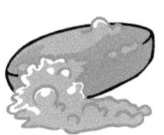

sæbe

Milo

brusegele

Gel za prhanje

shampoo

Šampon

vaskeklud

Krpica za miljenje

afløb

Odtok

creme

Krema

deodorant

Deodorant

spejl

Ogledalo

kosmetikspejl

Ročno ogledalo

barberhøvl

Britvica

barberskum

Pena za britje

barbervand

Vodica po britju

kam

Glavnik

børste

Ščetka

hårtørrer

Sušilnik za lase

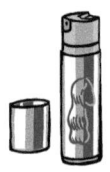

hårspray

Lak za lase

makeup

Ličila

læbestift

Šminka

neglelak

Lak za nohte

vat

Vatirane blazinice

neglesaks

Škarjice za nohte

parfume

Parfum

toilettaske

Toaletna torbica

skammel

Stol brez naslonjala

vægt

Osebna tehtnica

badekåbe

Kopalni plašč

gummihandsker

Gumijaste rokavice

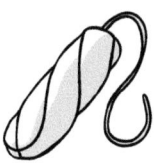

tampon

Tampon

damebind

Damski vložki

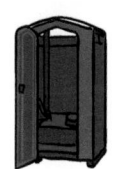

kemisk toilet

Kemično stranišče

børneværelse
Otroška soba

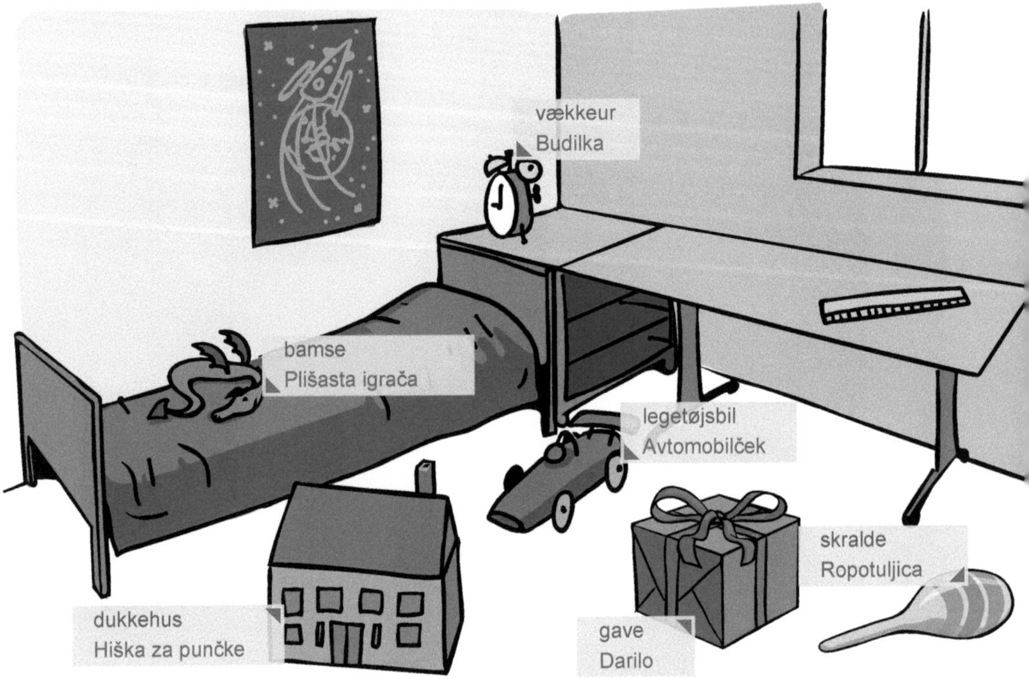
vækkeur
Budilka
bamse
Plišasta igrača
legetøjsbil
Avtomobilček
skralde
Ropotuljica
dukkehus
Hiška za punčke
gave
Darilo

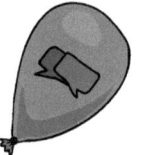

ballon

Balon

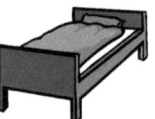

seng

Postelja

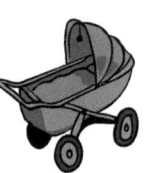

barnevogn

Otroški voziček

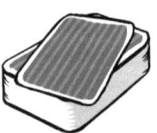

kortspil

Igralne karte

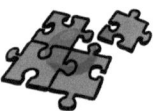

puslespil

Sestavljanka

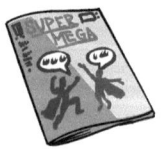

tegneserie

Strip

legoklodser

Lego kocke

byggeklodser

Igralne kocke

action figur

Akcijska figura

sparkedragt

Bodi

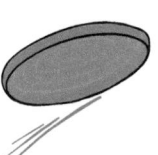

frisbee

Frizbi

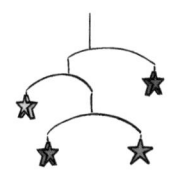

uro

Vrtiljak za posteljico

brætspil

Namizna igra

terning

Kocka

modeljernbane

Komplet modelov vlakov

sut

Duda

fest

Zabava

billedbog

Slikanica

bold

Žoga

dukke

Lutka

lege

Igrati se

sandkasse

Peskovnik

gynge

Gugalnica

legetøj

Igrače

spillekonsol

Igralna konzola

trehjulet cykel

Tricikel

bamse

Plišasti medvedek

klædeskab

Garderoba

tøj
Oblačilo

sokker

Nogavice

strømper

Samostoječe nogavice

strømpebukser

Hlačne nogavice

sjal
Šal

bælte
Pas

paraply
Dežnik

T-shirt
Majica s kratkimi rokavi

sneakers
Športni copati

støvler
Škornji

hjemmesko
Copati

sandaler

Sandali

sko

Čevlji

gummistøvler

Gumijasti škornji

underbukser

Spodnje hlače

BH

Modrček

undertrøje

Telovnik

body
Bodi

bukser
Hlače

jeans
Kavbojke

nederdel
Krilo

bluse
Bluza

skjorte
Srajca

pullover
Pulover

sweatshirt
Pletena jopica

blazer
Jopa

jakke
Jakna

frakke
Plašč

regnfrakke
Dežni plašč

kostume
Kostim

kjole
Obleka

brudekjole
Poročna obleka

jakkesæt

Obleka

nattrøje

Spalna srajca

pyjamas

Pižama

sari

Sari

hovedtørklæde

Naglavna ruta

turban

Turban

burka

Burka

kaftan

Kaftan

abaya

Abaja

badedragt

Kopalke

badebukser

Kopalne hlače

korte bukser

Kratke hlače

træningsdragt

Trenirka

forklæde

Predpasnik

handsker

Rokavice

knap

Gumb

briller

Očala

armbånd

Zapestnica

kæde

Verižica

ring

Prstan

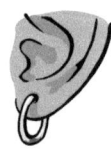

ørering

Uhan

hue

Kapa

bøjle

Obešalnik

hat

Klobuk

slips

Kravata

lynlås

Zadrga

hjelm

Čelada

seler

Naramnice

skoleuniform

Šolska uniforma

uniform

Uniforma

tøj - Oblačilo

hagesmæk

Slinček

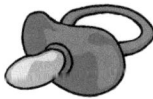

sut

Duda

ble

Plenica

kontor
Pisarna

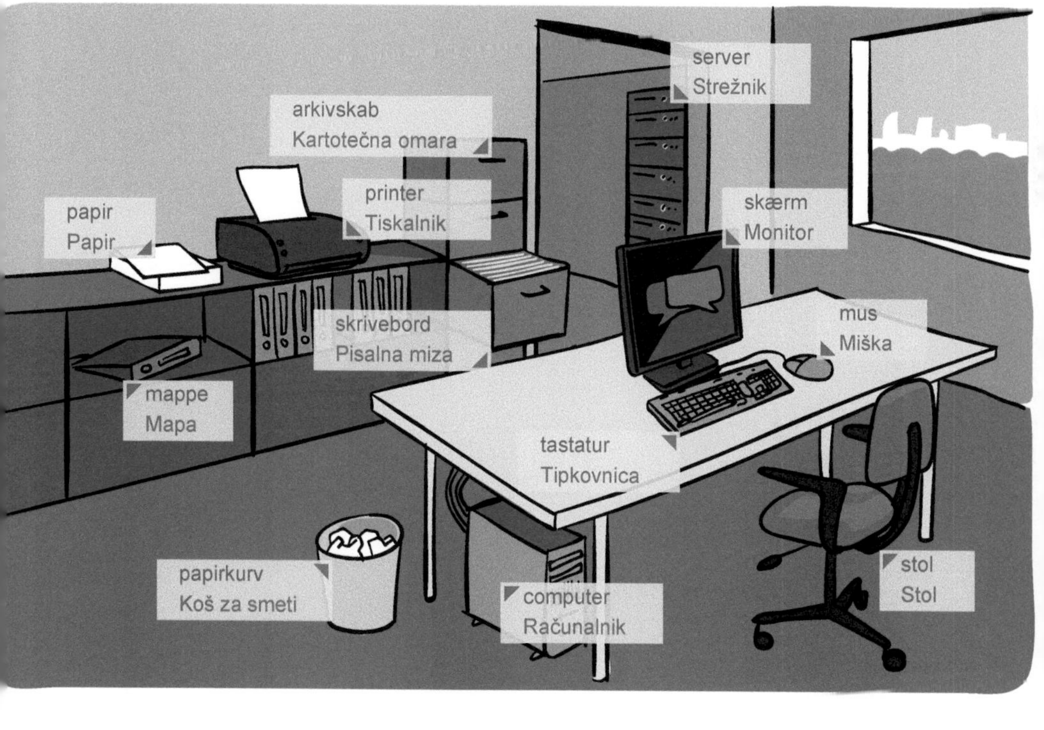

server
Strežnik

arkivskab
Kartotečna omara

printer
Tiskalnik

skærm
Monitor

papir
Papir

skrivebord
Pisalna miza

mus
Miška

mappe
Mapa

tastatur
Tipkovnica

papirkurv
Koš za smeti

computer
Računalnik

stol
Stol

kaffekrus

Lonček za kavo

lommeregner

Kalkulator

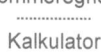

internet

Internet

bærbar

Prenosnik

brev

Pismo

besked

Sporočilo

mobil

Mobilnik

netværk

Omrežje

kopimaskine

Kopirni stroj

software

Programska oprema

telefon

Telefon

stikdåse

Vtičnica

fax

Telefaks

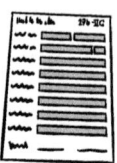

formular

Obrazec

dokument

Dokument

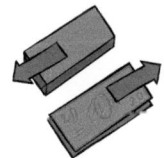

købe

Kupiti

betale

Plačati

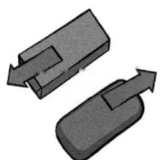

handle

Trgovati

penge

Denar

USD

dollar

Dolar

EUR

euro

Evro

JPY

yen

Jen

RUB

rubel

Rubelj

CHF

schweizerfranc

Švičarski frank

CNY

renminbi yuan

Kitajski juan renminbi

INR

rupee

Rupija

hæveautomat

Bankomat

vekselkontor

Menjalnica

guld

Zlato

sølv

Srebro

olie

Nafta

energi

Energija

pris

Cena

kontrakt

Pogodba

skat

Davek

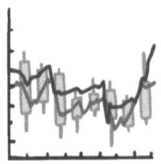

aktie

Delnice

arbejde

Delati

ansat

Delojemalec

arbejdsgiver

Delodajalec

fabrik

Tovarna

butik

Trgovina

politimand
Policist

brandmand
Gasilec

pilot
Pilot

kok
Kuhar

læge
Zdravnik

gartner

Vrtnar

tømrer

Mizar

syerske

Šivilja

dommer

Sodnik

kemiker

Kemik

skuespiller

Igralec

buschauffør

Voznik avtobusa

taxachauffør

Taksist

fisker

Ribič

rengøringskone

Čistilka

tagdækker

Krovec

tjener

Natakar

jæger

Lovec

maler

Pleskar

bager

Pek

elektriker

Električar

bygningsarbejder

Gradbenik

ingeniør

Inženir

slagter

Mesar

vvs-mand

Vodovodni inštalater

postbud

Poštar

soldat

Vojak

arkitekt

Arhitekt

kasserer

Blagajnik

blomsterhandler

Cvetličar

frisør

Frizer

togfører

Sprevodnik

mekaniker

Mehanik

kaptajn

Kapitan

tandlæge

Zobozdravnik

videnskabsmand

Znanstvenik

rabbiner

Rabin

imam

Imam

munk

Menih

præst

Duhovnik

værktøj
Orodje

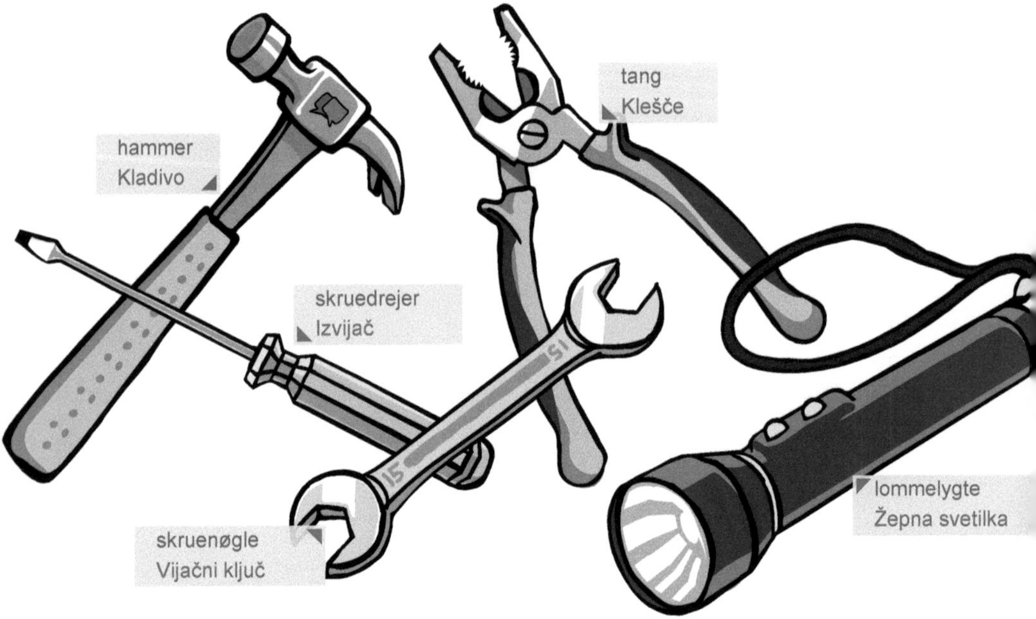

hammer
Kladivo
tang
Klešče
skruedrejer
Izvijač
skruenøgle
Vijačni ključ
lommelygte
Žepna svetilka

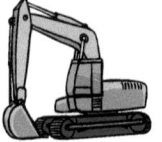

gravemaskine

Bager

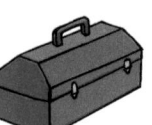

værktøjskasse

Zaboj z orodjem

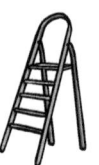

stige

Lestev

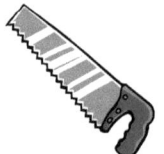

sav

Žaga

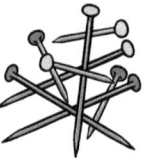

søm

Žeblji

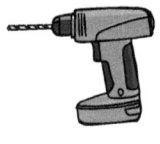

bor

Vrtalnik

reparere

Popraviti

skovl

Lopata

Lort!

Šment!

fejebakke

Smetišnica

malerspand

Posoda z barvo

skruer

Vijaki

musikinstrumenter
Glasbeni instrument

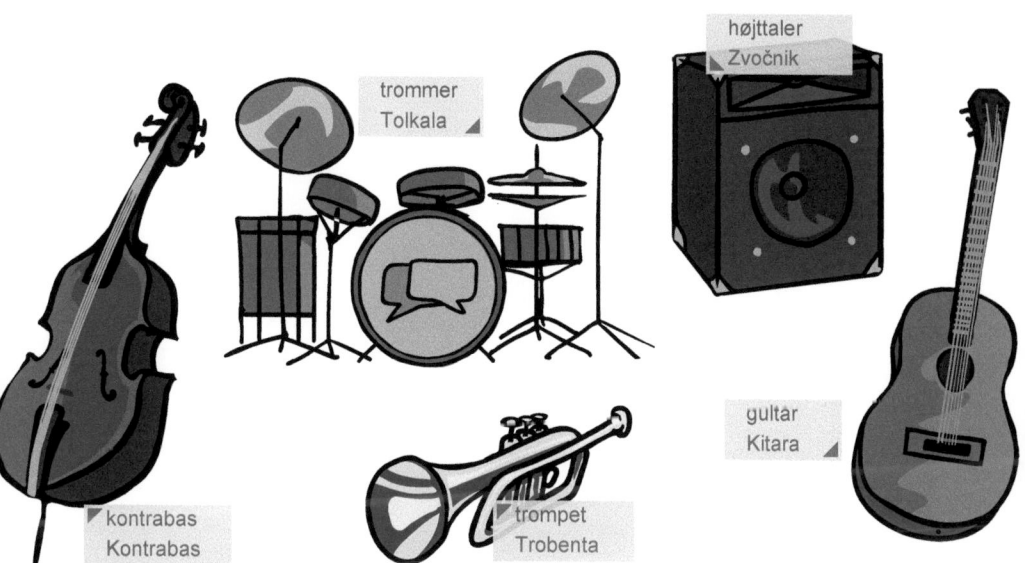

trommer
Tolkala

højttaler
Zvočnik

gultar
Kitara

kontrabas
Kontrabas

trompet
Trobenta

klaver

Klavir

violin

Violina

bas

Bas kitara

pauke

Pavke

tromme

Bobni

keyboard

Sintetizator

saxofon

Saksofon

fløjte

Flavta

mikrofon

Mikrofon

zoo

Živalski vrt

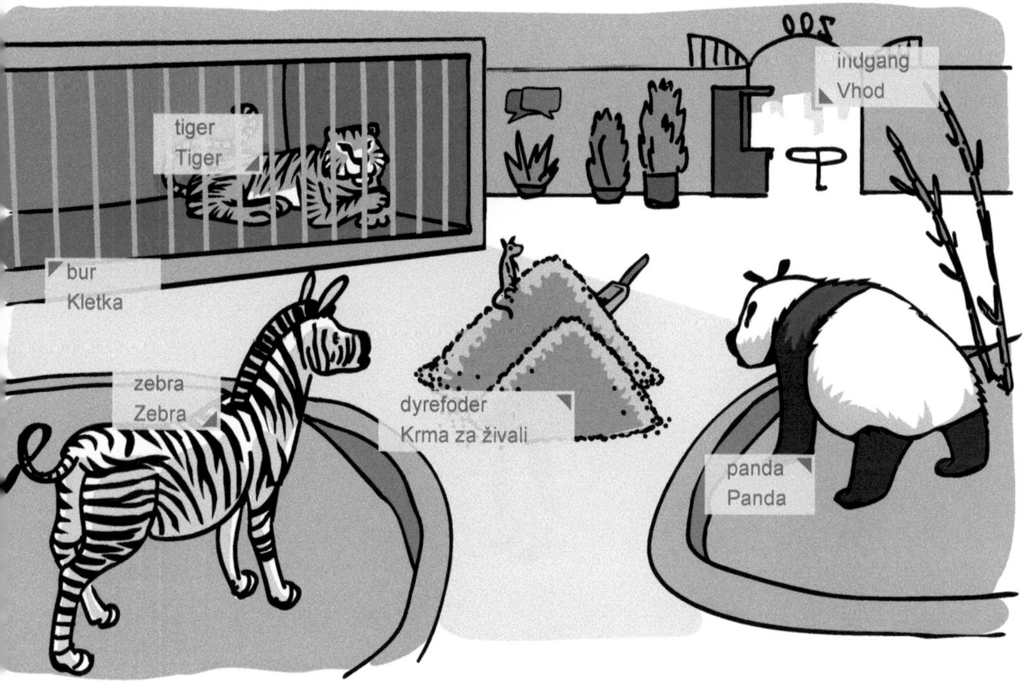
zoo
indgang
Vhod
tiger
Tiger
bur
Kletka
zebra
Zebra
dyrefoder
Krma za živali
panda
Panda

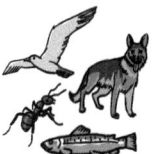

dyr

Živali

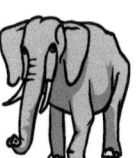

elefant

Slon

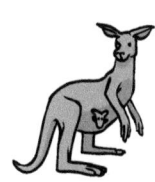

kænguru

Kenguru

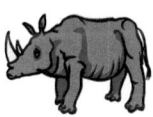

næsehorn

Nosorog

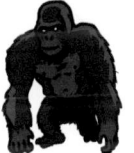

gorilla

Gorila

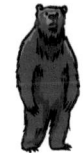

bjørn

Medved

kamel	struds	løve
Kamela	Noj	Lev

abe	flamingo	papegøje
Opica	Plamenec	Papagaj

isbjørn	pingvin	haj
Severni medved	Pingvin	Morski pes

påfugl	slange	krokodille
Pav	Kača	Krokodil

dyrepasser	sæl	jaguar
Oskrbnik v živalskem vrtu	Tjulenj	Jaguar

pony

Poni

leopard

Leopard

flodhest

Povodni konj

giraf

Žirafa

ørn

Orel

vildsvin

Divji prašič

fisk

Riba

skildpadde

Želva

hvalros

Mrož

ræv

Lisica

gazelle

Gazela

amerikansk football
Ameriški nogomet

cykling
Kolesarjenje

tennis
Tenis

basketball
Košarka

svømning
Plavanje

boksning
Boks

ishockey
Hokej

fodbold
Nogomet

badminton
Badminton

atletik
Atletika

håndbold
Rokomet

skiløb
Smučanje

polo
Polo

aktiviteter
Dejavnosti

grine
Smejati se
springe
Skočiti
give et knus
Objeti
gå
Hoditi
synge
Peti
drømme
Sanjati
bede
Moliti
kysse
Poljubiti

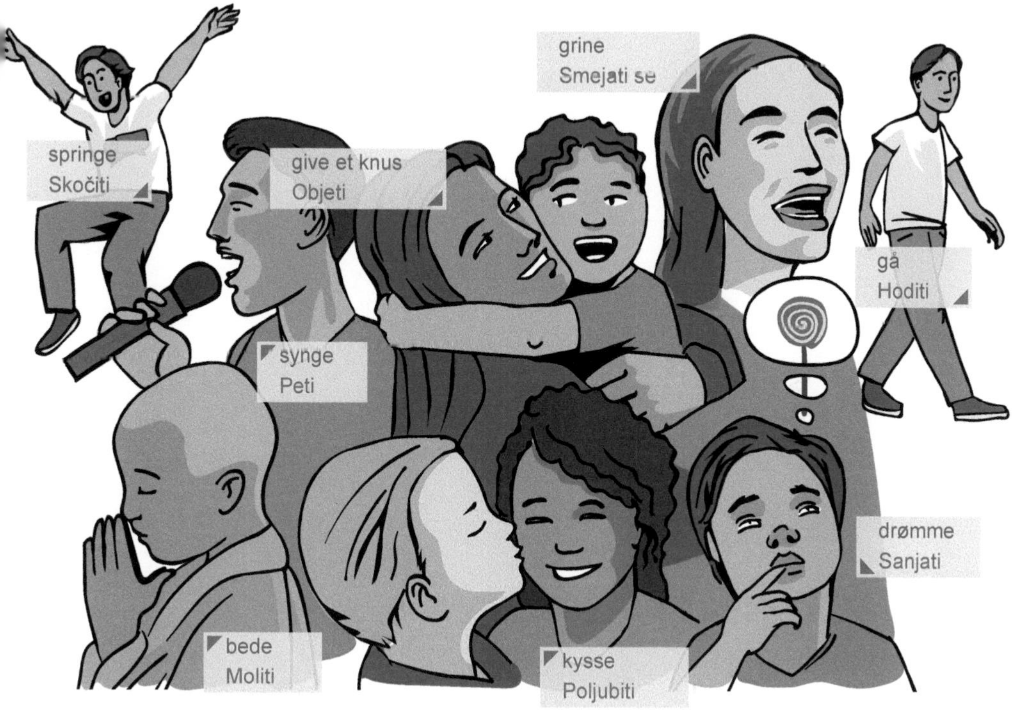

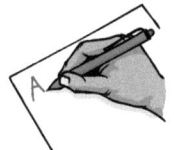

skrive
Pisati

tegne
Risati

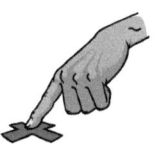

vise
Pokazati

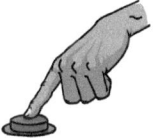

skubbe
Potisniti

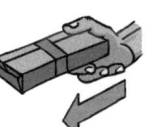

give
Dati

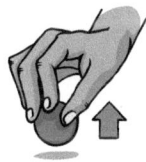

tage
Vzeti

have
....
Imeti

gøre
....
Narediti

være
....
Biti

stå
....
Stati

løbe
....
Teči

trække
....
Vleči

kaste
....
Vreči

falde
....
Pasti

ligge
....
Ležati

vente
....
Čakati

bære
....
Nositi

sidde
....
Sedeti

tage på
....
Obleči se

sove
....
Spati

vågne
....
Zbuditi se

se på

Gledati

græde

Jokati

ae

Božati

kæmme

Česati se

tale

Govoriti

forstå

Razumeti

spørge

Vprašati

høre

Poslušati

drikke

Piti

spise

Jesti

rydde op

Pospraviti

elske

Ljubiti

koge

Kuhati

køre

Voziti

flyve

Leteti

sejle

Jadrati

regne

Računanje

læse

Brati

lære

Učiti se

arbejde

Delati

gifte sig med

Poročiti se

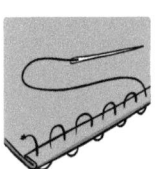

sy

Šivati

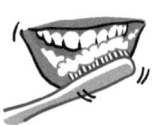

børste tænder

Ščetkati si zobe

dræbe

Ubiti

ryge

Kaditi

sende

Poslati

bedstemor
Stara mati

bedstefar
Stari oče

far
Oče

mor
Mati

baby
Dojenček

datter
Hči

søn
Sin

gæst

Gost

tante

Teta

onkel

Stric

bror

Brat

søster

Sestra

krop
Telo

pande
Čelo
øje
Oko
skulder
Rama
finger
Prst
ansigt
Obraz
hage
Brada
hånd
Dlan
bryst
Prsi
ben
Noga
arm
Roka

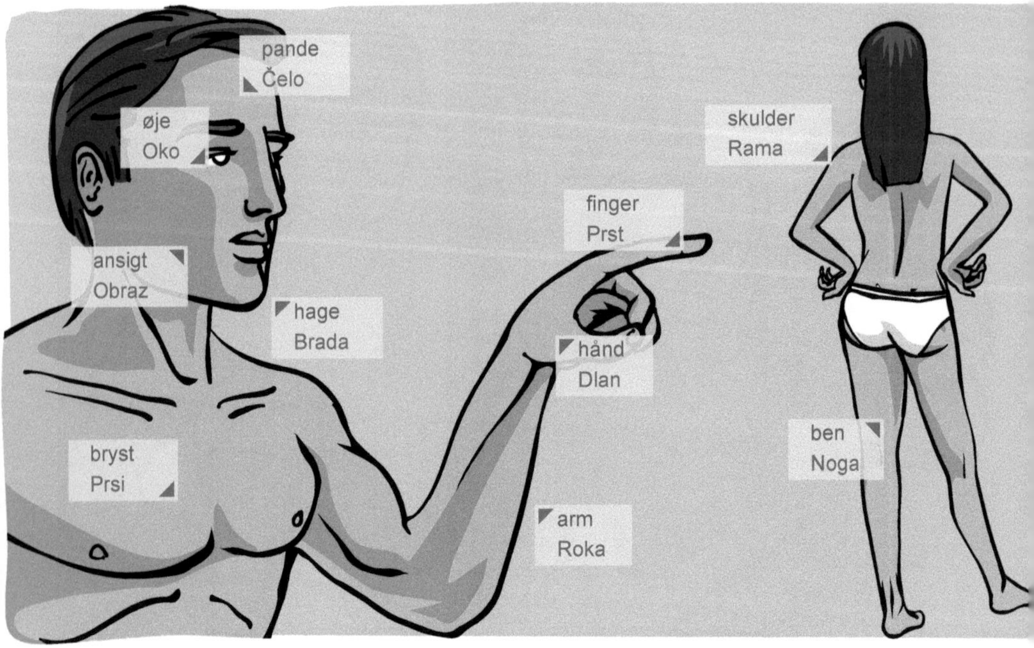

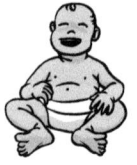

baby
Dojenček

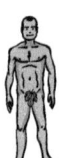

mand
Človek

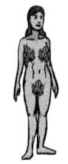

kvinde
Ženska

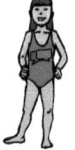

pige
Dekle

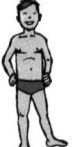

dreng
Fant

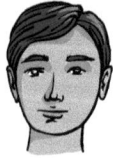

hoved
Glava

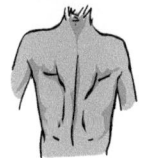

ryg

Hrbet

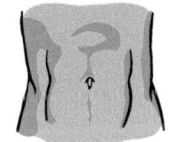

mave

Trebuh

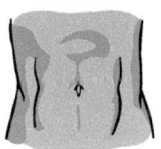

navle

Popek

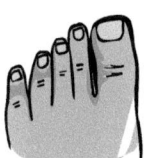

tå

Prst na nogi

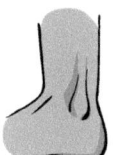

hæl

Peta

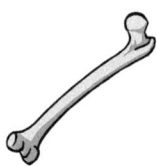

knogle

Kost

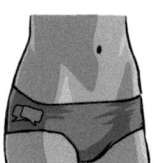

hofte

Kolk

knæ

Koleno

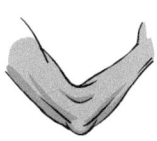

albue

Komolec

næse

Nos

bagdel

Zadnjica

hud

Koža

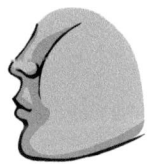

kind

Lice

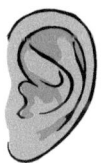

øre

Uho

læbe

Ustnica

mund

Usta

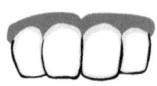

tand

Zob

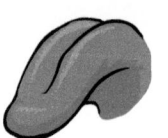

tunge

Jezik

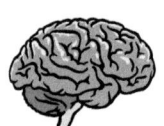

hjerne

Možgani

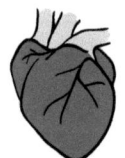

hjerte

Srce

muskel

Mišica

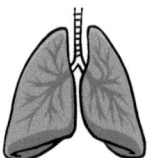

lunge

Pljuča

lever

Jetra

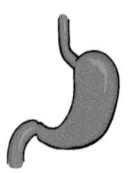

mavesæk

Želodec

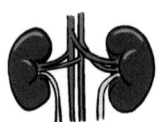

nyrer

Ledvice

sex

Spolni odnos

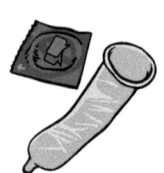

kondom

Kondom

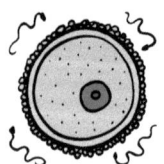

ægcelle

Jajčece

sperm

Semenska tekočina

svangerskab

Nosečnost

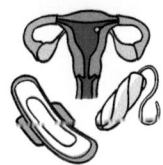

menstruation

Menstruacija

vagina

Vagina

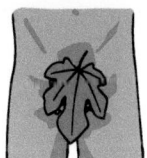

penis

Penis

øjenbryn

Obrv

hår

Lasje

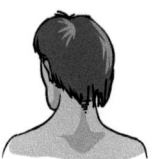

hals

Vrat

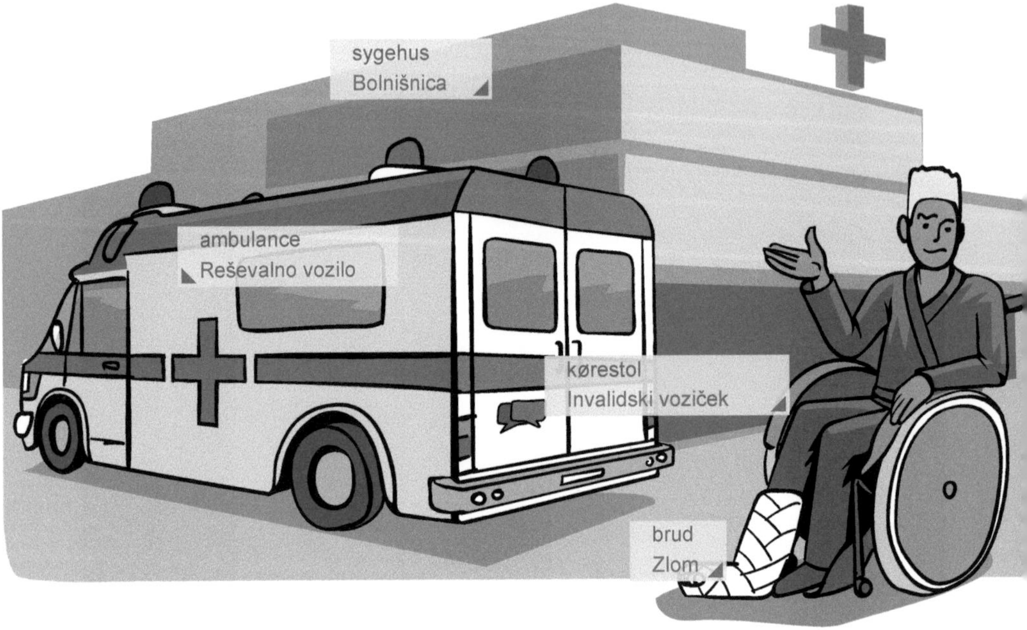

sygehus
Bolnišnica

sygehus
Bolnišnica
ambulance
Reševalno vozilo
kørestol
Invalidski voziček
brud
Zlom

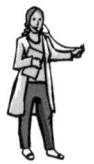

lægе

Zdravnik

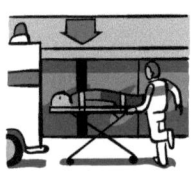

akutmodtagelse

Urgenca

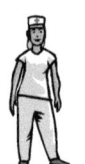

sygeplejerske

Medicinska sestra

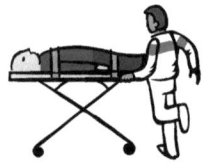

nødstilfælde

Nujni primer

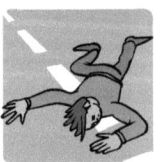

bevidstløs

Nezavesten

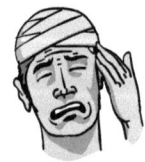

smerte

Bolečina

skade

Poškodba

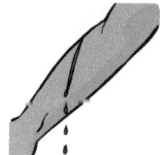

blødning

Krvavenje

hjerteinfarkt

Srčni infarkt

slagtilfælde

Kap

allergi

Alergija

hoste

Kašelj

feber

Vročina

influenza

Gripa

diarré

Driska

hovedpine

Glavobol

kræft

Rak

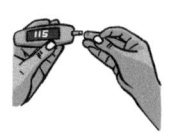

diabetes

Sladkorna bolezen

kirurg

Kirurg

skalpel

Skalpel

operation

Operacija

CT
CT

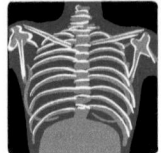

røntgen
Rentgen

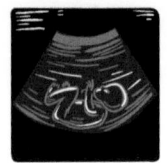

ultralyd
Ultrazvok

maske
Obrazna maska

sygdom
Bolezen

venteværelse
Čakalnica

krykke
Bergla

plaster
Obliž

forbinding
Preveza

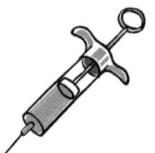

injektion
Injekcija

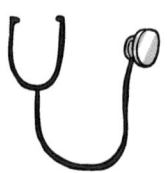

stetoskop
Stetoskop

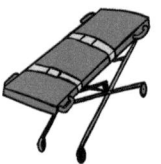

båre
Nosila

termometer
Klinični termometer

fødsel
Porod

overvægt
Prekomerna teža

høreapparat

Slušni pripomoček

desinficerende middel

Razkužilo

infektion

Okužba

virus

Virus

HIV / AIDS

HIV / AIDS

medicin

Medicina

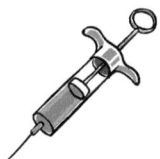

vaccination

Cepljenje

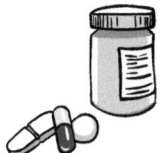

tabletter

Tablete

pille

Tableta

nødopkald

Klic v sili

blodtryksmåler

Merilnik krvnega tlaka

syg / rask

bolano / zdravo

Hjælp!

Na pomoč!

alarm

Alarm

overfald

Napad

angreb

Napad

fare

Nevarnost

nødudgang

Izhod v sili

Det brænder!

Gori!

ildslukker

Gasilni aparat

uheld

Nezgoda

førstehjælps-kuffert

Komplet za prvo pomoč

SOS

SOS

politi

Policija

Europa

Evropa

Nordamerika

Severna Amerika

Sydamerika

Južna Amerika

Afrika

Afrika

Asien

Azija

Australien

Avstralija

Atlanterhavet

Atlantski ocean

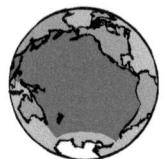

Stillehavet

Tihi ocean

Indiske Ocean

Indijski ocean

Sydlige Ishav

Južni ocean

Ishav

Arktični ocean

Nordpol

Severni tečaj

Sydpol

Južni tečaj

Antarktis

Antarktika

Jorden

Zemlja

land

Kopno

hav

Morje

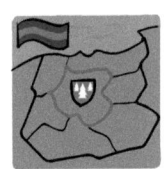

ø

Otok

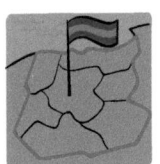

nation

Narod

stat

Država

urskive

Številčnica

timeviser

Urni kazalec

minutviser

Minutni kazalec

sekundviser

Sekundni kazalec

Hvad er klokken?

Koliko je ura?

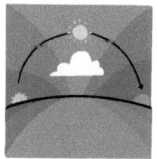

dag

Dan

tid

Čas

nu

Zdaj

digitalur

Digitalna ura

minut

Minuta

time

Ura

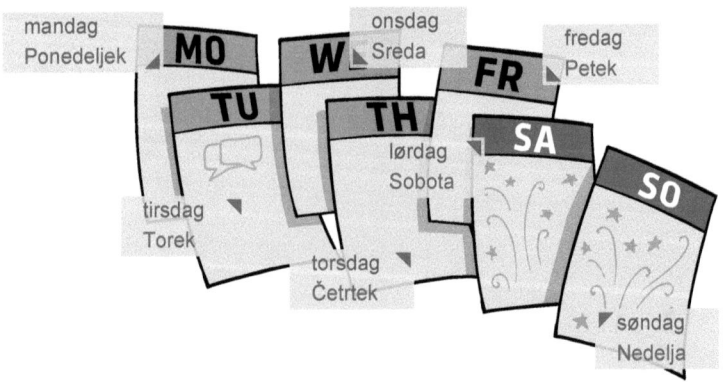

mandag
Ponedeljek

onsdag
Sreda

fredag
Petek

tirsdag
Torek

torsdag
Četrtek

lørdag
Sobota

søndag
Nedelja

i går
Včeraj

i dag
Danes

i morgen
Jutri

morgen
Jutro

middag
Poldne

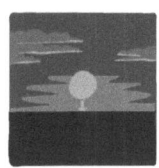

aften
Večer

MO	TU	WE	TH	FR	SA	SU
1	2	3	4	5	6	7
8	9	10	11	12	13	14
15	16	17	18	19	20	21
22	23	24	25	26	27	28
29	30	31	1	2	3	4

arbejdsdage
Delovni dnevi

MO	TU	WE	TH	FR	SA	SU
1	2	3	4	5	6	7
8	9	10	11	12	13	14
15	16	17	18	19	20	21
22	23	24	25	26	27	28
29	30	31	1	2	3	4

weekend
Konec tedna

år
Leto

regn
Dež
regnbue
Mavrica
vind
Veter
sne
Sneg
forår
Pomlad
sommer
Poletje
efterår
Jesen
vinter
Zima

4.APRIL 11°
5.APRIL 4°
6.APRIL 13°
7.APRIL 8°
8.APRIL 10°

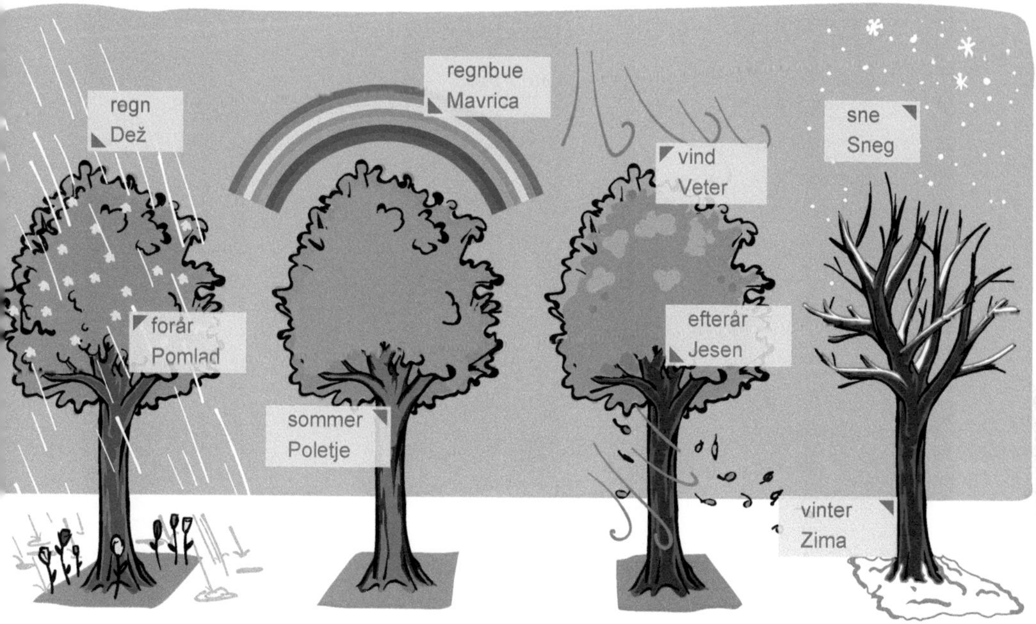

vejrudsigt
Vremenska napoved

F C
120 40
90 30
60 20
30 10
0 0
-30 -10
-20

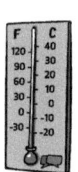

termometer
Termometer

solskin
Sončna svetloba

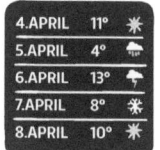

sky
Oblak

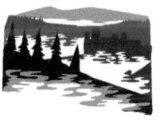

tåge
Megla

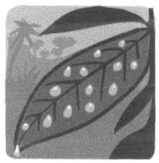

luftfugtighed
Vlažnost

lyn
....
Strela

torden
....
Grom

storm
....
Nevihta

hagl
....
Toča

monsun
....
Monsun

flod
....
Poplava

is
....
Led

januar
....
Januar

februar
....
Februar

marts
....
Marec

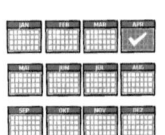

april
....
April

maj
....
Maj

juni
....
Junij

juli
....
Julij

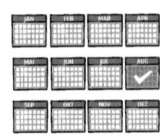

august
....
Avgust

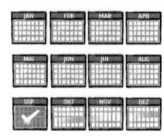

september
....
September

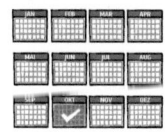

oktober
....
Oktober

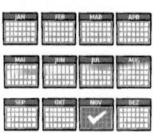

november
....
November

december
....
December

former
Oblike

cirkel
....
Krogla

kvadrat
....
Kvadrat

firkant
....
Pravokotnik

trekant
....
Trikotnik

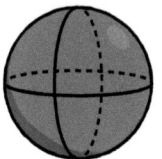

kugle
....
Krogla

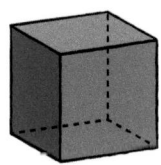

terning
....
Kocka

hvid
....
Bela

gul
....
Rumena

orange
....
Oranžna

pink
....
Rožnata

rød
....
Rdeča

lilla
....
Vijolična

blå
....
Modra

grøn
....
Zelena

brun
....
Rjava

grå
....
Siva

sort
....
Črna

meget / lidt

veliko / malo

rasende / fredelig

jezno / umirjeno

smuk / grim

lepo / grdo

begyndelse / slut

začetek / konec

stor / lille

veliko / majhno

lys / mørk

svetlo / temno

bror / søster

brat / sestra

ren / snavset

čisto / umazano

fuldkommen / ufuldkommen

popolno / nepopolno

dag / nat

dan / noč

død / levende

mrtvo / živo

bred / smal

široko / ozko

spiselig / uspiselig

užitno / neužitno

vred / venlig

zlobno / prijazno

ophidset / kedet

vznemirjeno / zdolgočaseno

tyk / tynd

debelo / vitko

først / sidst

prvo / zadnje

ven / fjende

prijatelj / sovražnik

fuld / tom

polno / prazno

hård / blød

trdo / mehko

tung / let

težko / lahko

sult / tørst

lakota / žeja

syg / rask

bolano / zdravo

illegal / legal

nezakonito / zakonito

intelligent / dum

pametno / neumno

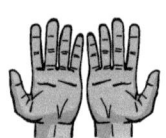

venstre / højre

levo / desno

nær / fjern

blizu / daleč

ny / brugt

novo / rabljeno

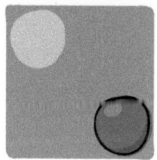

intet / noget

nič / nekaj

gammel / ung

staro / mlado

tændt / slukket

vklopljeno / izklopljeno

åben / lukket

odprto / zaprto

stille / højt

tiho / glasno

rig / fattig

bogato / revno

rigtig / forkert

prav / narobe

ru / glat

grobo / gladko

ked af det / lykkelig

žalostno / veselo

kort / lang

kratko / dolgo

langsom / hurtig

počasi / hitro

våd / tør

mokro / suho

varm / kold

toplo / hladno

krig / fred

vojna / mir

Števila

0	1	2
nul	en	to
Ničla	Ena	Dva

3	4	5
tre	fire	fem
Tri	Štiri	Pet

6	7	8
seks	syv	otte
Šest	Sedem	Osem

9	10	11
ni	ti	elleve
Devet	Deset	Enajst

12

tolv
Dvanajst

13

tretten
Trinajst

14

fjorten
Štirinajst

15

femten
Petnajst

16

seksten
Šestnajst

17

sytten
Sedemnajst

18

atten
Osemnajst

19

nitten
Devetnajst

20

tyve
Dvajset

100

hundrede
Sto

1.000

tusinde
Tisoč

1.000.000

million
Milijon

engelsk

Angleščina

amerikansk engelsk

Ameriška angleščina

kinesisk mandarin

Mandarinščina

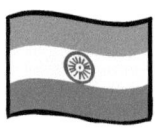

hindi

Hindujščina

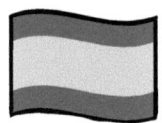

spansk

Španščina

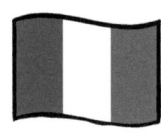

fransk

Francoščina

arabisk

Arabščina

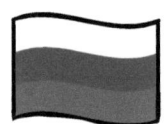

russisk

Ruščina

portugisisk

Portugalščina

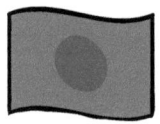

bengalsk

Bengalščina

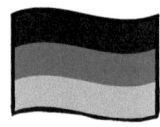

tysk

Nemščina

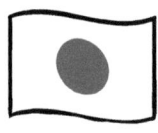

japansk

Japonščina

jeg

Jaz

du

Ti

han / hun / den / det

On / ona / tisto

vi

Mi

I

Vi

de

Oni

hvem?

Kdo?

hvad?

Kaj?

hvordan?

Kako?

hvor?

Kje?

hvornår?

Kdaj?

navn

Ime

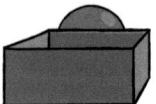

bag
Zadaj

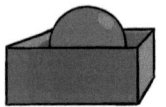

i
V

foran
Pred

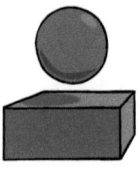

over
Nad

på
Na

under
Pod

ved siden af
Poleg

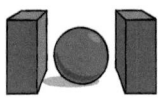

imellem
Med

sted
Kraj